Ein Mann von Welt

Annie Payson-Anruf

Writat

Diese Ausgabe erschien im Jahr 2023

ISBN: 9789359253633

Herausgegeben von
Writat
E-Mail: info@writat.com

Ein Mann der Welt
von Annie Payson Call

ICH

GIBT ES zwei Welten: Die eine ist künstlich, egoistisch und persönlich, die andere ist real und universell; das eine ist begrenzt, materiell, im Wesentlichen von der Erde, das andere setzt eine Art größeren Kosmopolitismus voraus und hat überhaupt keine geografischen Grenzen; Es ist so groß wie die Menschheit selbst und wird nur durch die Fähigkeit zu Erfahrung, Einsicht und Mitgefühl im Geist und Herzen des Menschen begrenzt. Ein wahrer Mann der Welt besteht daher nicht in erster Linie aus ihr – ein wahrer Mann der Welt muss die Welt kennen und verstehen; und um dies zu tun, sollte er jederzeit in der Lage sein, es ins rechte Licht zu rücken.

Charles Dickens sagt, dass ein Mann, der die Welt kennt, zu oft als „ein Mann verstanden wird, der alle Bösewichte darin kennt". Die Herren verstehen natürlich auch, dass ein Mann, der die Welt kennt, alle ihre Sitten und Bräuche kennt und sich ihnen leicht und vollständig anpassen kann, wo immer er auch sein mag. Aber dieser äußere Schliff schließt selbst unter so genannten wohlerzogenen Männern nicht die Vorstellung aus, dass ein Mann, der die Welt kennt, alle Bösewichte darin kennt, und dass ein solcher Mann selbst mehr oder weniger ein Bösewicht sein kann, vorausgesetzt, er hat die Klugheit und den Einfallsreichtum, seine Schurkerei zu verbergen. Bis zu einem gewissen Grad war der Anschein von Tugend in der Welt schon immer mehr oder weniger eine Notwendigkeit, aber die moralischen Standards im sozialen, beruflichen und geschäftlichen Leben sind uneinheitlich und gemischt. Selbst in wesentlichen Punkten werden die höchsten Standards oft angepasst, um den Vorlieben der Mehrheit zu entsprechen. Es gilt nicht immer als unehrenhaft, wenn ein Mann im Geschäftsleben betrügt, solange der Betrug ohne Eingriff in die allgemeinen Gepflogenheiten der Geschäftswelt erfolgt.

Wenn wir sagen, dass man unter einem Mann der Welt im Allgemeinen einen Mann versteht, der „alle Schurken in dieser Welt kennt", scheint das auf den ersten Blick eine extreme Aussage zu sein, aber wie die Welt jetzt aussieht, repräsentiert sie sicherlich die allgemeine Denkrichtung . Zu selten wird zwischen einem Mann von Welt und einem weltlichen Mann unterschieden – zwischen einem Mann, der die Welt wirklich kennt, wie sie ist, und einem Mann, dessen Vertrautheit mit ihr eng und schäbig ist. Wenn Menschen davon sprechen, „das Leben zu sehen", meinen sie selten, dass sie das Beste davon sehen.

Die gleiche Tendenz zur Perversion als der interessanteren Lebensphase findet sich bei Ärzten und ausgebildeten Krankenpflegern. Ein guter Arzt erzählte mir einmal mit schmerzlicher Empörung, dass seine Studenten kilometerweit gehen würden, um ein abnormales Tumorwachstum zu sehen, aber keiner von ihnen würde sich umdrehen, um den Mechanismus eines gesunden Herzens zu genießen. Und es ist eine bekannte Tatsache, dass viele ausgebildete Pflegekräfte das Interesse an einem Fall verlieren, sobald sich ein Patient zu erholen beginnt. „Ein großartiger Fall von Typhus" ist nicht ein Fall, in dem der Patient die Auswirkungen des Keims mit gesunder Schnelligkeit abwehrt, sondern ein Fall, in dem der Keim sein schlimmstes Ausmaß annimmt – wo die Krankheit extrem ist und das Delirium auftritt spannend. Sicherlich besteht in einem solchen Fall ein großes Interesse daran, schnell und entschlossen alle möglichen Mittel zu ergreifen, um das Leben des Patienten zu retten; aber wenn dies nur mit großer Liebe zur Gesundheit und Gesundheit geschehen würde, würde das Interesse der Krankenschwestern und Ärzte niemals nachlassen, bis der Patient stark und kräftig geworden wäre. Wenn der Standard der besten körperlichen Gesundheit ständig vor Augen des Arztes und des Krankenpflegers stünde und wenn beide den starken Wunsch hätten, den Patienten so weit wie möglich auf den eigenen hohen Gesundheitsstandard zu bringen, gäbe es eine sehr große Chance Unterschied in der Atmosphäre von Krankenzimmern und Krankenhäusern. Die Arbeit von Ärzten und Pflegekräften scheint häufiger dem Schutz vor Krankheiten als dem Erreichen von Gesundheit zu dienen; und die Unterscheidung, auch wenn sie auf den ersten Blick schön erscheinen mag, ist dennoch radikal.

Beachten Sie die Parallele zwischen dieser negativen Tendenz zur Gesundheit des Körpers und der gleichen negativen Tendenz in der Welt zur Gesundheit der Seele. Der Schutz vor den schlimmsten Folgen der Sünde ist das moralische Ziel der Mehrheit der Welt; kein Streben nach einem positiven Standard eines gesunden Lebens für Seele und Körper. Was ist Sünde anderes als Krankheit der Seele? Sünde ist genauso tatsächlich und praktisch eine Krankheit der Seele, wie jede Form einer bekannten Krankheit eine Krankheit des Körpers ist. Wenn wir uns stark davon überzeugen könnten, dass Sünde Krankheit, Unordnung und Abnormalität ist, wäre das ein radikaler Schritt in Richtung Sündenfreiheit . Mit Sünde ist jede Art von Selbstsucht gemeint – welche Form sie auch immer annehmen mag.

Mann Umgang zu haben, als er von einem Begleiter sprach, der in seinen Worten und Manieren charmant und aufgrund seines künstlerischen Temperaments äußerst attraktiv sei, der aber offensichtlich in seinen moralischen Vorstellungen locker sei ,- er genoss alles, was an ihm entzückend war, und ignorierte, soweit möglich, alles, was offensichtlich schlecht war.

„Könnten Sie schmutzige Nägel, schmutzige Ohren und einen schlechten Geruch an Ihrem Begleiter ignorieren?" fragte jemand.

Daraufhin rief der junge Mann mit einem Gesichtsausdruck äußersten Ekels: „Wie kannst du von solchen Dingen sprechen? Natürlich konnte ich nicht fünf Minuten bei ihm bleiben!"

Aber er brachte die lockere, leichte und unreine Art, menschliche Beziehungen zu betrachten, nicht im Geringsten mit der gleichen nachlässigen Unreinheit in Verbindung, die auch auf den Körper angewendet wird. Und doch entspricht in Wirklichkeit die eine Art von Unreinheit genau der anderen. In dem einen Fall befindet sich der Schmutz im Inneren und ist das, was wir lebenden Schmutz nennen können, weil er von der Seele am Leben gehalten wird, an der er haften darf. Im anderen Fall befindet sich der Schmutz außen und kann mit Wasser und Seife abgewaschen werden. Nur sehr wenige sogenannte Männer oder Frauen auf der Welt sind bereit, in ihrem Körper schmutzig und schlampig zu erscheinen – aber sehr viele sind bereit, in ihrer Seele schmutzig und schlampig zu sein. Es ist eine merkwürdige und bedeutsame Tatsache, dass sich oft, wenn die Nerven eines Mannes nachlassen, selbst wenn seine äußeren Gewohnheiten sehr sauber oder sogar anspruchsvoll waren, diese völlig ändern und er möglicherweise mit fleckiger Kleidung, schmutzigen Händen usw. umhergeht eine allgemein schlampige Erscheinung, während ihm eine solche äußerliche Unbeholfenheit unmöglich gewesen wäre, solange seine Nerven verhältnismäßig gut und stark waren.

Wenn die Nerven eines solchen Menschen nachlassen, so dass er bis zu einem gewissen Grad den äußeren Gebrauch seines Willens verliert, erscheinen die schmutzigen Gewohnheiten seines Geistes in schlampigen und schmutzigen Gewohnheiten des Körpers, weil er nicht mehr die Willenskraft hat, sie darauf zu beschränken seine privaten Gedanken und Gefühle. Die Gewohnheiten seines Körpers werden dann zum wahren Ausdruck seines Geisteszustandes.

Wir können den Zusammenhang zwischen Sünde und Krankheit beweisen, indem wir das, was man eine milde Sünde nennen könnte, bis zu ihrem logischen Extrem verfolgen. So wie wir fast jede Krankheit in ihrer Entwicklung verfolgen können, bis sie zum Tod des Körpers führt, wenn der Körper nicht vor ihrem Wachstum geschützt ist, so können wir jede Sünde in ihrer Entwicklung bis zum Tod der Seele verfolgen, wenn die Seele ist nicht gleichermaßen geschützt. Wenn man zulässt, dass jede Sünde nach ihren eigenen Gesetzen zunimmt, zerstört sie sowohl die Seele als auch den Körper.

Macbeths Geist wurde krank; und vielleicht finden wir heute in unseren Irrenanstalten so manchen Jago, denn trotz all seiner Klugheit kann kein Jago auf lange Sicht die Kontrolle über seinen Geist behalten, wenn seine selbstsüchtigen Pläne vereitelt werden. Von den abscheulichen Krankheiten des Körpers, die einen Don Juan befallen können, darf nur als Mittel zur Beseitigung der Blindheit derjenigen gesprochen oder gedacht werden, die, indem sie sich auf die Empfindungen des Körpers konzentrieren, dazu kommen, an Sünde zu denken angenehm. Wenn ihre Blindheit beseitigt ist, wird sie die geringste Berührung der Sinnlichkeit, die die

Krankheit verursacht, mit heilsamem Grauen erfüllen. Der Schöpfer hat auf wunderbare Weise dafür gesorgt, dass jede Empfindung, der man sich selbstsüchtig hingibt, jede Empfindung, in der ein Mensch um seiner selbst willen verharrt, zuerst zur Sättigung führen muss – und dann zu Schlimmerem als Sättigung und Tod. Dies gilt sowohl für alle selbstsüchtigen Empfindungen des Körpers als auch für alle nutzlosen Emotionen des Geistes. Unsere Empfindungen und Emotionen müssen gehorsame Diener einer gesunden, kraftvollen Liebe zum Nützlichen sein, sonst werden sie zu höllischen Herren, deren Herrschaft nur zu Schwäche und Tod führt.

Die alte Askese – die spirituelle Dummheit der Urzeit – stellte die Welt, das Fleisch und den Teufel auf eine Stufe der Gleichheit, während sowohl die Welt als auch das Fleisch zu edlen Zwecken fähig sind, der Teufel jedoch nicht. Die Welt und das Fleisch sind Diener und gute Diener; Sie sind notwendige Instrumente zur Verwirklichung der göttlichen Absicht im menschlichen Leben. Aber der Teufel ist lediglich die Pervertierung guter Dinge zu nutzlosen, trivialen und entwürdigenden Zwecken. Er hat keine Macht in sich selbst, es sei denn, wir geben ihm Macht, und wir geben ihm jeden Tag Macht, wenn wir die Vorstellung von der Welt mit der der Bösewichte darin verbinden und wenn wir das Fleisch entwürdigen, indem wir den reinen, guten Dienst nicht erkennen für den es gedacht ist. In der Tat füttern wir den Teufel insofern, als unser Lebensstandard negativ und nicht positiv ist – insofern wir nur damit beschäftigt sind, uns vor schlimmerer Sünde oder noch schlimmerer Krankheit zu schützen, anstatt *alle Sünden auszutreiben und Wir beseitigen Krankheiten* so schnell, wie wir sie in uns selbst wahrnehmen, und arbeiten auf den höchstmöglichen Standard eines gesunden Lebens für Körper und Seele hin. „ *Auf den Herrn schauen und das Böse als Sünde meiden* " bedeutet, an dem Gesundheitsstandard festzuhalten, den der Herr uns für Körper und Seele gegeben hat, damit er immer klarer wird, wenn wir ihn mit beharrlicher Kraft auf das Leben anwenden . Unser gegenwärtiger Lebensstandard ist verzerrt. Das Abnormale ist uns so vertraut geworden, dass es uns normal vorkommt. Die Freude und lebensspendende Kraft frischer Luft für Seele und Körper ist uns zu wenig bekannt. Eine durch und durch gesunde Welt mit gesunden geistigen und körperlichen Gewohnheiten liegt fast außerhalb unserer Vorstellungskraft. Die niedrigeren Maßstäbe sind zu allgemein zur Selbstverständlichkeit geworden – deshalb denken wir nicht an tapfere und gesunde Männlichkeit, wenn wir den Ausdruck „ein Mann von Welt" verwenden.

aus freiem Willen das Gute und Heilsame verstehen und darin leben kann , ohne der Versuchung – und zwar starken – zum Bösen und Unheilsamen ausgesetzt zu sein. Somit erweitert das Wissen um das Böse in der Welt die Erfahrung eines Menschen insofern, als er dieses Wissen nutzt, um ihn zum entgegengesetzten Guten zu führen. Das Wissen um das Böse verzerrt den Charakter eines Menschen, egal wie umfassend seine Erfahrung auch sein mag, insofern er sich dem Bösen hingibt und zulässt, dass es ein Teil von ihm wird.

„Und ihr werdet die Wahrheit erkennen und die Wahrheit wird euch frei machen." Die Wahrheit, die uns frei macht, ist die Wahrheit über uns selbst, die Wahrheit über das Böse, die Wahrheit über alles, und unsere Freiheit ist in dem Maße umfassend und umfassend, wie wir die Wahrheit sowohl im Allgemeinen als auch im Detail erkennen, anerkennen und danach leben.

II

„ ICH BIN ein Mann und nichts Menschliches halte ich für fremd", sagte Terenz vor zweitausend Jahren.

Ein Mann, der die Welt gründlich kennt, muss in der Lage sein, alle Phasen des Lebens zu verstehen – nicht nur die seines eigenen Landes, seiner Klasse, seines Berufs oder seiner Sekte. Es ist die Menschheit in all ihren Phasen, die er liebt und versteht – nicht die Phase selbst; und deshalb kann nichts Menschliches so entfernt sein, dass es für seinen Verstand unverständlich wäre oder ohne die Kraft, sein Herz anzusprechen. Jago konnte Ehrlichkeit oder Großzügigkeit nie verstehen. Don Juan konnte Keuschheit nie verstehen. Andererseits ist es einem ehrlichen Mann möglich, Jago zu verstehen, und einem sauberen Mann, Don Juan zu verstehen . Obwohl in keinem Fall der Mensch, der versteht, mit der Sünde sympathisieren wird, wird das Verständnis in beiden Fällen klar und umfassend sein. Ein Kind kann weder Jago noch Don Juan verstehen, noch kann ein kindischer Mann es verstehen; aber ein wirklich *kindlicher* Mensch kann alle Phasen der Versuchung und Sünde verstehen und sie richtig einschätzen.

Es gibt eine Unschuld der Unwissenheit und es gibt eine Unschuld der Weisheit. Die Unschuld der Unwissenheit ist unfreiwillig. Es ist Unschuld, weil es nichts anderes sein kann. Ein kleines Kind befindet sich in der Unschuld der Unwissenheit, und aus dieser schützenden Unschuld heraus spüren wir die frische, glückliche Atmosphäre der Kindheit. Die Unschuld der Weisheit ist nur für diejenigen möglich, die Versuchungen kennengelernt und durch ihre Überwindung gelernt haben, jede Sünde als das zu erkennen, was sie wirklich ist : den Schmutz und die Krankheit der Seele, und sie als solche zu meiden. Das frische Leben, das aus einem solchen Kampf und der Überwindung egoistischer Tendenzen entsteht, bringt eine Kraft der Unschuld mit sich, die die Lebensqualität eines gesunden Kindes mit der zusätzlichen Kraft und Einsicht der Reife eines Mannes verbindet. In welcher Form oder Phase der Versuchung sich seine

Mitmenschen auch befinden mögen, ein solcher Mann hat aus eigener Erfahrung die Möglichkeit gefunden, sie zu verstehen. Er hat die Mittel gefunden, seinen Nächsten zu verstehen, egal, ob der Nachbar in Maßlosigkeit versunken ist, verzweifelt darum kämpft, seine Freiheit zu erlangen, oder ob er auf einem guten Weg nach oben ist.

Ein Mensch, der nur bestimmte, besondere Phasen der menschlichen Natur verstehen kann, ist engstirnig und provinziell, mag er auch die Miene eines Weltmenschen annehmen; und die falsche Annahme eines weiten Verständnisses macht ihn praktisch noch enger und provinzieller, denn sie hindert ihn daran, von denen zu lernen, die in ihrer Macht stehen, ihn zu unterrichten. Aber der wahre Mensch der Welt, dessen Weitsicht und Durchdringung der Einsicht das Ergebnis einer funktionierenden Vertrautheit mit universellen Prinzipien im praktischen Leben sind, verabscheut die Sünde, ohne den Sünder zu verurteilen, und lässt sich nicht von den oberflächlichen Anmaßungen des Provinzpharisäers täuschen .

Um die Welt zu kennen , müssen wir nicht nur in der Lage sein, alle Phasen der Welt im Allgemeinen zu verstehen, sondern wir müssen auch die verschiedenen Arten im Besonderen verstehen. Es gibt Nationen, in jeder Nation gibt es Stufen und Lebensphasen, und in jeder Phase gibt es Individuen. Es gibt einen ebenso großen Unterschied zwischen den Individuen einer kleinen Gemeinschaft von Menschen, wenn man das Auge hat, ihn zu erkennen, wie zwischen Nationen.

Ich erinnere mich, dass ich einmal mit einem berühmten Anthropologen gesprochen habe. Für ihn waren alle Männer lediglich Repräsentanten von Alter, Nation oder Familie. Kein Mensch war ein Mensch für sich; er war einfach ein Exemplar. Es gab einem kleinen, alltäglichen Menschen ein sehr feines Gefühl für die Weite der Menschheit im Allgemeinen, in Vergangenheit und Gegenwart, diesen wissenschaftlichen Mann sprechen zu hören. Er hatte die Angewohnheit, alle Nationen der Welt so leicht in seine Gespräche einzubeziehen, als ob er jeden Tag mit ihnen leben würde, was er in seinem gewohnten Denken wirklich tat. Wann immer ich mit ihm über einen Freund oder Verwandten sprach, charakterisierte er ihn anhand seiner nationalen und familiären Neigungen. Ein oder zwei Stunden lang mit dem Professor zu sprechen war äußerst aufschlussreich und bereichernd; aber eine lange Bekanntschaft bewies, dass ein Mann, selbst im Bereich großer anthropologischer und geografischer Ideen, genauso engstirnig und provinziell sein konnte wie der selbsternannte moralische Zensor einer Landstadt. Der menschliche Körper und der menschliche Geist im Allgemeinen schienen ihm sehr viel zu bedeuten, aber der Mensch als individuelle Seele bedeutete überhaupt nichts.

Einige der größten Diplomaten, die sich im Umgang mit Nationen als klug erwiesen haben, wurden extrem eingeschränkt, als ihr Leben sie aus dem Trott ihrer eigenen unmittelbaren Arbeit herausführte. Staatsmänner, die geschickt mit Nationen umgegangen sind, haben im Umgang mit einzelnen Menschen traurige Fehler gemacht, manchmal auch dann, wenn ihre Fehler sich auf ihren nationalen Einfluss auswirken würden. Und doch waren sie so fest im egoistischen Trott ihrer nationalen Diplomatie verankert, so provinziell in der Kenntnis der individuellen menschlichen Natur, dass sie weiter stolperten, bis ihre Fehler sie oft fast, wenn nicht sogar ganz, in eine nationale Katastrophe führten . Die besten Anwälte wissen, dass sie, um ihre Arbeit wirklich tun zu können, in der Lage sein müssen, bestimmte Fälle und besondere Umstände nach Maßstäben zu beurteilen, die für die Mehrheit der Menschen nicht existieren. Aus Mangel an einem so klaren Verständnis der menschlichen Natur, das einem ursprünglichen Instinkt für die Wahrheit selbst entspringt – im Unterschied zur einfachen Anwendung konventioneller Gewohnheiten – haben Anwälte oft versagt.

Konventionelle Standards sind die gemeinsamen Standards der Mehrheit; Aber obwohl sie bei der Erreichung alltäglicher Erfolge vielleicht nützlicher sind als alle anderen, sind sie auf einer wirklich hohen und einfachen Ebene menschlichen Strebens ausnahmslos unzureichend. Es ist selten, einen aktiven Mann zu finden, der weltliche Geschäfte betreibt und anerkennt, dass die Gesetze der einfachen Selbstlosigkeit und

Wahrheit in menschlichen Angelegenheiten eine praktische Existenz haben. aber es ist noch seltener, einen solchen Mann zu finden, der die wahre Beziehung zwischen grundlegender Güte und den konventionellen Prinzipien der Moral versteht. Es gibt Zeiten, in denen diejenigen, die nach höheren Maßstäben handeln, scheinbar völlig im Widerspruch zu allen konventionellen Lebensweisen stehen, aber sie widersetzen sich nicht unbedingt solchen Konventionen, denn durch ein mutiges Festhalten am Geist des Gesetzes erwecken sie schließlich den Buchstaben des Gesetzes zu neuem Leben. Der wahre Mensch der Welt ist derjenige, der seine wesentliche Güte und Wahrheit auf weise und angemessene Weise und in Worten ausdrücken kann, die auf lange Sicht für alle Arten von Menschen verständlich sein müssen.

Als Jesus Christus am Sabbat einen Mann heilte, missachtete er nicht nur die konventionellen Maßstäbe seiner Nation, sondern er schien auch eines der grundlegenden Gebote des Gesetzes nicht zu befolgen. Die Pharisäer und alle Menschen um ihn herum, die in den Augen der Welt gut standen, waren wütend. Es ist nicht schwer, sich vorzustellen, dass eine gütige und konventionelle Seele, nachdem alles vorbei war, zum Herrn kam und ihn fragte, warum er nicht bis zum nächsten Tag gewartet hatte, bevor er seine Absicht ausführte ; – er hätte nicht lange warten müssen, und der Unmut der Pharisäer wäre vermieden worden. „Wäre es nicht barmherziger gewesen, die religiösen Skrupel der Juden zu respektieren? Ist es nicht falsch, sich unnötigerweise der respektablen öffentlichen Meinung zu widersetzen? War es nicht unnötigerweise unklug, den Buchstaben des Gebots zu brechen, selbst wenn man seinen Geist bewahrte? ?" Eine zweifelnde Seele, die an die Güte des Herrn und die Reinheit seiner Beweggründe glauben wollte, hätte ihm all diese Fragen mit dem aufrichtigen und gewissenhaften Wunsch zu dienen durchaus stellen können. Und doch wäre dieser Zweifler bei aller gewissenhaften Güte blind und dumm gewesen. Denn nur die Selbstgerechten oder die moralisch Dummen könnten nicht verstehen, dass unser Herr mit der Heilung eines kranken Mannes am Sabbat einen neuen Präzedenzfall für einen wahreren und tieferen Gehorsam für die ganze Menschheit geschaffen hat. Die

Pharisäer waren von ihrer eigenen Güte überzeugt; Es wäre ihnen möglichst gar nicht in den Sinn gekommen, dass sie engstirnig, provinziell und selbstgerecht waren. Sie hätten keinen Augenblick zugegeben, dass es irgendwelche Umstände geben könnte, unter denen es richtig sein könnte, am Sabbat eine radikale Heilung durchzuführen; und sie redeten sich ein, dass sie „Gott einen Dienst erwiesen", als sie den Mann, der ihren persönlichen und selbstsüchtigen Widerstand so sehr geweckt hatte, einer schändlichen Hinrichtung unterwarfen. Die Pharisäer waren hoffnungslos unfähig, ihn zu verstehen, aber das lag an ihrer eigenen Blindheit. Indem unser Herr den Grundsatz festlegte, dass der Sabbat für den Menschen und nicht der Mensch für den Sabbat geschaffen wurde, brachte er eine ewige Wahrheit zum Ausdruck, nicht nur gegenüber der Welt seiner Zeit, sondern gegenüber der Welt aller Zeitalter.

Die Vorstellung eines Menschen von der Welt allein mit der Kenntnis ihrer dunklen Orte und oberflächlichen Formen zu assoziieren, neigt dazu, unsere Vorstellung von der Welt herabzusetzen und zu degradieren; wohingegen die Welt keineswegs nur dunkel oder oberflächlich ist, sondern es durchaus wert ist, sie zu kennen und ihr zu dienen, vorausgesetzt, sie ist dazu geschaffen, ihrerseits allem zu dienen, was im Menschen kraftvoll und heilsam ist. Wir sollten die Schönheit und Macht der Dinge dieser Welt als Diener unseres höchsten Gesetzes erkennen; es ist nur die Perversion dieser Dinge, auf die verzichtet werden muss.

Der wahre Mann der Welt versteht die pervertierte menschliche Natur – vom Feinschmecker bis zum scharfsinnigen politischen Scharfmacher; er ist ein Mann, der sich niemals vom Schein täuschen lässt und der den wahren Charakter unter seinem äußeren Glanz sieht; Ein Mann, der mit seinem klareren Verständnis jede Perversion als ihren wahren Wert erkennt, versteht die Jagos und die Don Juans gleichermaßen gut, ohne die geringste Vorliebe für beides. Für ihn sind sie alle Formen von Krankheit. Er kann Jagos Schurkerei bis zu ihrer eigenen Zerstörung und Don Juans Sinnlichkeit bis zu ihrer Übersättigung zurückverfolgen.

Noch einmal: Ein wahrer Weltmensch ist ein Mensch, der weiß und liebt und ein Teil aller Heiligkeit in der Welt ist; ein Mann, der sich in allen Formen des guten Tons schnell zu Hause fühlt, denn die Instinkte eines Gentlemans sind auf der ganzen Welt die gleichen, auch wenn die Sitten völlig unterschiedlich sein können; ein Mann, der zwar an alle Konventionen gewöhnt ist und sie dort respektiert, wo sie hingehören, sich aber ohne sie leicht und glücklich zu Hause fühlt; ein Mann, der zwar feine Instinkte und starke Charaktere bei seinen Mitmenschen bevorzugt, aber das Beste in der menschlichen Natur so sehr verinnerlicht, dass er den Goldfaden überall im Wachs finden kann, wenn dort ein Goldfaden ist; ein Mann, dessen Gedanken so sehr an der frischen Luft zu Hause sind, dass er sofort eine düstere oder verdorbene Atmosphäre wahrnimmt, das unangenehme Gefühl aber für sich behalten kann; der niemals anderen seine Liebe zur frischen Luft aufdrängt, sondern sie, da er selbst von ihr umgeben ist, gewohnheitsmäßig und selbstverständlich genießt. Einen solchen Mann kann man nie überraschen; Er ist in allen Notlagen ein Gentleman, denn er kann nicht anders sein als er selbst, und er erscheint nie als das, was er nicht ist.

Ein wahrer Weltmensch ist nicht in erster Linie von der Welt, obwohl er der Welt dient und von ihr gedient wird; Für ihn ist es immer ein Mittel zu einem höheren Zweck, niemals ein Selbstzweck. Der Herr sprach von wahren Männern der Welt, als er sagte: „Ich bete nicht, dass Du sie aus der Welt vertreibst, sondern dass Du sie vor dem Bösen bewahrst!"

III

Aus der Sicht des Guten können wir das Böse sehen und verstehen, aber aus der Sicht des Bösen können wir das wirkliche Gute weder sehen noch verstehen. Um die Welt zu verstehen, muss ein Mensch dabei sein, sich von ihren Übeln zu befreien. Er muss lernen, nach universellen und inneren Maßstäben zu leben, nicht nach den Maßstäben einer besonderen Zeit oder der Menschen, die zufällig um ihn herum leben; und dabei wird er lernen, dass die Treue zu seiner eigenen aufrichtigen Wahrnehmung der universellen Wahrheit ihn schließlich zu wahrer Harmonie mit dem Besten in anderen führen wird. Wir kennen nur einen einzigen Mann in der Weltgeschichte, der sein ganzes Leben in einer Weise gelebt hat, die seinen höchsten Ansprüchen entsprach.

Die Welt ist eine tolle, gepflegte Schule. Niemand, der an Unsterblichkeit glaubt, kann daran zweifeln, dass die kurze Zeit, die wir hier verbringen, für die Schulung gedacht ist – Schulung, um uns auf unsere zukünftige Arbeit vorzubereiten, was auch immer das sein mag, indem wir unsere Arbeit hier gut erledigen. Wenn wir mit der Überzeugung beginnen, dass die Welt eine Schule ist und dass wir nicht in der Grundschule bleiben wollen, sondern alle Klassen durchlaufen und ehrenhaft abschließen wollen – wenn diese Überzeugung in unserem Kopf stark ist Es ist erstaunlich zu erkennen, was für einen neuen Aspekt das Leben für uns haben wird. Im Allgemeinen und in jedem Detail wird das Leben voller lebendiger Interessen sein. Kein Ärger wird zu schwer zu ertragen sein; Es wird keine Umstände geben, vor denen wir weglaufen würden. Wir wollen alle unsere Lektionen lernen, alle unsere Prüfungen bestehen und die lebendige Kraft für andere nutzen, was das logische Ergebnis ist.

Um seinen Nächsten wie sich selbst zu lieben, muss ein Mann in der Lage sein, wirklich Mitleid mit seinem Nächsten zu empfinden und mit dessen Augen zu sehen. Damit meine ich nicht, dass der Standpunkt des Nachbarn sein eigener sein muss, sondern dass er ihn verstehen sollte, als wäre es sein eigener. Wenn ein Mensch dies tut, kann er viel klarer erkennen, ob etwas falsch oder richtig ist; und kann, wenn es ratsam ist, seinen eigenen Standpunkt entsprechend dem seines Nachbarn ändern. Man kann leicht erkennen, welchen Vorteil es für einen Arzt, einen Anwalt, einen Minister oder einen Geschäftsmann hat, stets in der Lage und bereit zu sein, den Standpunkt anderer Menschen zu erfassen. Ein Arzt entscheidet, welche Vorgehensweise für seinen Patienten am besten geeignet ist. Der Patient erzählt ihm eine lange Geschichte über seinen eigenen Geisteszustand, die dem Arzt nach eigener Erfahrung völlig lächerlich vorkommt. Wenn er jede Wertschätzung für den Standpunkt seines Patienten ausschließt und strikt an seinen eigenen Vorstellungen festhält, verliert er das wichtigste Mittel zur Durchführung einer perfekten Heilung. Wenn er aufmerksam zuhört und ernsthaft versucht, das Gute in den Ideen seines Patienten zu schätzen, so dass der Patient sein Mitgefühl spürt, eröffnet sich ihm die Möglichkeit, ihn allmählich zum gesunden Menschenverstand zu führen. Insofern der Arzt sich dem Standpunkt seines Patienten verschließt, ist er eng und es fehlt ihm der wahre Geist eines Weltmenschen.

Ein guter Anwalt mit klarem Kopf sollte nicht nur den Standpunkt seines Mandanten verstehen, sondern auch den seines Gegners. Ein Mann kann niemals seinen eigenen Standpunkt verlieren, indem er sich wirklich „auf die Seite seines Gegners stellt". Ein rundum klarer Kopf ist eine Notwendigkeit für das beste Wachstum wahrer Prinzipien in uns. Wenn das Auge eines Menschen einseitig ist, wird sein ganzer Körper voller Licht sein, und dieses Licht dringt weit und breit in das Innere und entlang des gesamten Horizonts ein und zeigt Charaktere, Angelegenheiten und Umstände als das, was sie wirklich sind. Aber das Auge eines Menschen kann nicht einsam sein, wenn er nicht einen klaren, vorurteilsfreien Blick auf seine Mitmenschen in allen Phasen und Spielarten des Lebens wirft. Die sehr große Zahl und Vielfalt der Menschen, die ständig einen Arzt oder Pfarrer um Hilfe bitten, erfahren die größte Hilfe, wenn der Arzt oder Pfarrer die Welt völlig vorurteilsfrei versteht. Ein ruhiges Verständnis der menschlichen Natur und ein mutiger, sanfter Umgang mit anderen sind einer der größten Segnungen, die einem Menschen zuteil werden können.

Es ist absolut unmöglich, sich von Vorurteilen zu befreien, ohne gleichzeitig die Freiheit von der Selbstliebe zu erlangen. Wenn ein Mensch in einer bestimmten Richtung positive Vorurteile hegt, liegt das daran, dass es etwas in der entgegengesetzten Richtung gibt, das seinen Egoismus beleidigt. Um sich von den Vorurteilen zu befreien, muss er den Egoismus in sich selbst, der ihm zugrunde liegt, erkennen und von ganzem Herzen anerkennen. Dies ist oft schwierig, da ein Vorurteil möglicherweise durch den selbstsüchtigen Egoismus eines weit entfernten Vorfahren zu uns gekommen ist und sich möglicherweise in unserer eigenen Persönlichkeit verwurzelt hat, bevor wir seine wahre Natur erkannt haben.

Um ein Mann von Welt zu sein, muss man in der Lage sein, die Welt zu verstehen – nicht drei oder vier Ecken davon, sondern das Ganze. Diese Erweiterung von Geist und Seele ist jedem Menschen möglich, der zuerst sich selbst versteht, und niemand kann sich selbst verstehen, der blind seinem eigenen Egoismus frönt. Jeden Tag sehen wir Menschen, die in gröbster Selbstsucht leben und handeln und sich dessen nicht bewusst sind. Manchmal erschrecken solche Menschen diejenigen, die sie beobachten.

„Wenn John Smith“, sage ich mir, „das menschliche Biest ist, als das ich ihn sehe, und es nicht weiß, bin ich vielleicht unbewusst genauso brutal wie John und weiß es nicht; und wenn ich es bin, wie kann ich das herausfinden?

Wir müssen die Gewohnheit haben, zuerst den Strahl aus unserem eigenen Auge zu werfen, bevor wir bereit sein können, dabei zu helfen, den Splitter aus dem Auge unseres Bruders zu entfernen; und der einzig mögliche Weg, sicher zu sein, dass wir es herausfinden, besteht darin, ruhig, bereitwillig und offen für Kritik zu sein; Wir nehmen jede Kritik entgegen, nicht mit dem Wunsch, uns selbst Recht zu geben, sondern mit dem ernsthaften Wunsch, die Wahrheit herauszufinden und danach zu handeln. Damit meine ich nicht unbedingt, dass wir zur Kritik einladen – sie wird auch ohne Einladung schnell genug kommen –, sondern dass wir sie willkommen heißen, wenn sie auftaucht, und sofort versuchen, uns selbst mit den Augen unserer Kritiker zu sehen.

So einfach und geradlinig ist der Weg, den wir gehen müssen, wenn wir aufrichtig wahre Männer der Welt werden wollen, dass die Erweiterung von Herz und Geist, die sich aus einem stetigen Gehen auf diesem Weg ergibt, weltlichen Menschen unmöglich erscheinen muss. Und doch ähnelt die Enge weltlicher Menschen ihrem Wesen nach der Enge der Bewohner einer kleinen, klatschenden Landstadt. Die weltlichen Menschen verfügen über ein oberflächlicheres Wissen als die Bewohner der Landstädte, aber sie haben nicht unbedingt ein stärkeres Verständnis für die weltweiten Prinzipien der menschlichen Natur. Weltlichkeit ist die Liebe zur Bequemlichkeit und der Stolz auf das Leben auf einer niedrigen Ebene des alltäglichen Daseins, aber ein wahres Wissen über die Welt erfordert eine höhere Erhebung.

Der Aufstieg über schmale Pfade und steile Steigungen führt zum Berggipfel; von dort ist die Aussicht weit, und die Höhen und Tiefen der Landschaft nehmen ihren richtigen Platz in ihrem wahren Verhältnis zueinander ein. Die zielstrebige Plackerei und Mühe, die Charakter hervorbringt, führt auch zur Weisheit des Sehers. Nur aus der Sicht selbstloser Liebe und Wahrheit können wir einen ausgewogenen und erweiterten Blick auf die Höhen und Tiefen und Gemeinplätze der Welt gewinnen.

Wir haben gesehen, dass ein Mann, um die Welt zu kennen, ihre Individuen und Typen kennen und verstehen muss. Wir haben gesehen, dass es unmöglich ist, andere Menschen zu verstehen, solange wir von unserem eigenen Egoismus oder unseren Vorurteilen blockiert sind. Wir wissen, dass wir, um den Standpunkt einer anderen Person zu verstehen, klar und aufgeschlossen sein und uns auf wahren Prinzipien gründen müssen . Wir können den Standpunkt einer anderen Person nicht wirklich verstehen, wenn wir von ihrem Einfluss beeinflusst und geblendet werden, so dass er uns umwirft und uns gegen unseren Willen in Besitz nimmt. Wir müssen echte Maßstäbe haben, nach denen wir andere beurteilen können, und das müssen Maßstäbe sein, die wir selbst immer wieder ausprobiert und bewiesen haben.

Die interessanteste und gewinnbringendste Charakterstudie der Welt ist gleichzeitig das Leben des einen Mannes, dessen Leben stets einem Maßstab treu blieb, der allgemein gültig und ganz Ihm eigen war, und diesem Maßstab, den Er uns für unser Leben gegeben hat. Viele von uns scheitern bei der Interpretation, aber wenn wir fleißig daran arbeiten, es auszuprobieren und zu beweisen, und offen bereit und gerne zugeben, wann immer wir es falsch interpretiert haben, werden wir immer mehr über seine wahre Bedeutung erfahren.

Die Freude, die Gesetze der Wissenschaft anzuwenden und zu sehen, wie sie funktionieren, die positive Freude, das sichere Ergebnis eines gut durchgeführten wissenschaftlichen Experiments zu beobachten, ist vielen Chemikern oder Elektrikern bekannt. Aber die Freude, die praktische Wirkung spiritueller Gesetze zu testen, sollte tiefer, ruhiger und umfassender sein als alle anderen Freuden; denn das spirituelle Gesetz, wenn es überhaupt existiert, muss allen materiellen Gesetzen zugrunde liegen.

So wie unsere Probleme in der Chemie oder in der Physik immer wieder scheitern müssen, bevor wir die stille Befriedigung haben, sie funktionieren zu sehen, so müssen wir eine Prüfung nach der anderen bestehen, bevor wir uns in allen Gesetzen der zwischenmenschlichen Beziehungen fest verankern können.

Der Charakter- und Lebensstandard, der durch die Vorstellung vom Mann der Welt repräsentiert wird, wurde durch eine oberflächliche Vorstellung von der Bedeutung der „Welt" in den Schatten gestellt. „Die Welt" bedeutet für viele Menschen viele Dinge, und diese unterschiedlichen Bedeutungen haben unterschiedliche Grade von Wahrheit und Falschheit; aber wir werden feststellen, dass sie im Allgemeinen umso wahrer sind, je mehr die Menschen, die sie vertreten, über einen kraftvollen Charakter verfügen. In Kunst und Literatur wissen wir, dass die größte Wahrheit und tiefste Schönheit das ist, was alle Menschen jederzeit anspricht. Es appelliert an das universelle Herz und den Verstand des Menschen, und daher ist es unvorstellbar, dass die Menschheit jemals Shakespeare , Dante oder die Bibel überdrüssig werden könnte. Solche Bücher sind unabhängig von der persönlichen Meinung oder Überzeugung, die wir mit ihnen verbinden, für alle Menschen allgemein akzeptabel, weil sie sich auf die allgemeine menschliche Erfahrung berufen und die Prinzipien der unwiderstehlichen menschlichen Logik anwenden. Es sind die Bücher der Welt.

Die Welt selbst ist ein Organismus, der dem des einzelnen Menschen entspricht, und das einzelne Individuum, dessen Herz und Verstand am ehesten im Einklang mit dem besten Leben und Denken der Welt lebt und denkt, ist ihr wahrster Bürger. Andererseits repräsentiert der Einzelne, dessen Motive und Lebensinteressen auf den engsten Erfahrungskreis beschränkt sind, den extremen Typus des Provinzialismus. Der Unterschied zwischen diesen beiden Extremen ist nicht eine Frage langer, vielfältiger oder konventioneller Erfahrung, sondern der Erfahrung mit jenen Elementen der menschlichen Natur, die an ihrer Wurzel und nicht an ihrer Oberfläche liegen. Der Staatsmann, der Kapitalist, der erfahrene Reisende können, obwohl sie mit Menschen in großen Klassen und Massen Verkehr haben, in den Grundlagen ihres Charakters im Wesentlichen kleinlich sein. Dies sind also keine Menschen von Welt im eigentlichen Sinne; denn wenn dies der Fall wäre, müssten wir unter „der Welt" numerische oder mechanische Vorstellungen von Menschen, rein intellektuelle Vorstellungen von ihren Gedanken oder geographische Vorstellungen von den Bewohnern der Erdoberfläche verstehen. Keines dieser Dinge hat eine universelle Qualität, es sei denn, es ist mit der Kraft des menschlichen Charakters und der Leidenschaft verbunden, die für alle Menschen zu jeder Zeit und an jedem Ort von Bedeutung ist. Der Bewohner eines Dorfes auf dem Land kann je nach seiner Eigenschaft entweder ein Mann des Dorfes oder ein Mann von Welt sein. Es hängt von der Weite seines Geistes, seiner Weite des Herzens und der Tiefe ab, mit der sein Charakter die besten Ergebnisse seiner Erfahrung aufnimmt. Was rein lokal ist, ohne in einem allgemeinen menschlichen Bedürfnis zu wurzeln , was rein persönlich ist, ohne auf einem universellen menschlichen Prinzip zu beruhen, was rein sektiererisch oder national ist oder einer Klasse oder

bestimmten Clique von Personen zugehörig ist, ohne es zu
sein auf denselben allgemeinen menschlichen Interessen und
Gesetzen beruhend, muss insofern kleinlich, provinziell, trivial
und vergleichsweise nutzlos sein. Charakter ist und war schon
immer die treibende Kraft der Welt; und nur wenn der einzelne
Mensch seine eigene Charakterentwicklung im Dienste der
Welt findet, kann er seinen ihm zugewiesenen Platz als Bürger
dieser Welt finden. Es gibt kein höheres Gesetz als das
menschliche, in dem Sinne, dass es der einzige Leitfaden für
das Wachstum des Besten im menschlichen Leben ist. Dieses
wesentliche menschliche Gesetz – das sich so sehr von dem
unterscheidet, was weltliches Eigeninteresse zu seinem eigenen
Schutz organisiert hat – ist das, was der Mensch vom
Göttlichen ableitet. Es ist die Welt, die durch das Herz und
den Verstand Gottes geschaffen und getragen wird und deren
Bürger der Mensch sein muss, und nur als solcher ist er
wirklich „ein Mann der Welt".